Andreas Giger

Die Philosophie der Marktfrau

Gedanken zur Zukunft des Marketings

AF288390

Bibliografische Information der Deutschen Bibliothek
Die Deutsche Bibliothek verzeichnet diese Publikation in der
Deutschen Nationalbibliografie; detaillierte bibliografische Daten
sind im Internet über http://dnb.ddb.de abrufbar.

Texte und Bilder von Andreas Giger

1. Auflage 2006
Satz und Gestaltung: Andreas Giger
Herstellung und Verlag: Books on Demand GmbH, Norderstedt,
www.bod.de

ISBN 3-8334-5136-X

Für Elmar Wohlgensinger*,
von dessen Marketing-Philosophie
ich viel gelernt habe;
und ohne dessen ideelle und materielle
Unterstützung
dieses kleine Buch nicht entstanden wäre.

*www.ew-invest.ch

Inhalt

Die Mitgift der Marktfrau

Was hat die einfache Marktfrau, die irgendwo seit langer Zeit einen Gemüsestand betreibt, mit der komplexen Realität des Marketings von heute - oder gar von morgen - zu tun?

Eine Menge. Denn sie ist tätig in der Urform jedes Marktes. Die Grundsätze und Spielregeln, die sich dort herausgebildet haben, leben in gewandelter Form weiter und bilden damit die Basis jedes Marketings, ob gestern, heute oder morgen.

Deshalb ist die einfache Marktfrau, die darüber sinniert, was sie eigentlich tut und warum sie es wie macht, das ideale Sprachrohr für einige grundsätzliche Gedanken darüber, worum es im Marketing geht.

Wichtig sind dabei nicht fertige Gedankengebäude, sondern der Gedankenfluss, die gestellten Fragen, deren Antworten immer nur vorläufige sein können.

Meine Gedanken sind die Frucht einer Jahrzehnte langen Beschäftigung mit Marketingfragen aller Art, aber sie sind nicht als Blick zurück - in Zorn oder Verklärung - gedacht, sondern als Mitgift für das Marketing der Zukunft. In diesem wird zwar vieles anders sein als heute, doch die Essenz einer sinnvollen und stimmigen Marketingphilosophie wird gültig bleiben.

Sie müssen nicht alle Gedanken, die ich der Marktfrau in den Mund gelegt habe, tierisch ernst nehmen oder gar teilen. Wichtig ist nur, dass sie Ihnen zur Anregung Ihrer eigenen Marketingphilosophie dienen.

Wald AR im Appenzellerland (Schweiz):
Andreas Giger

Das halbe Billionen-Ding

Gestatten Sie, dass ich mich kurz vorstelle? Mein Name tut hier nichts zur Sache. Auch nicht der Ort, an dem ich wirke, oder mein Alter. Wichtig ist nur, dass ich seit Jahrzehnten dort tätig bin, wo das Zentrum aller Marktwirtschaft liegt: auf einem Gemüsemarkt.

Als Marktfrau habe ich mich immer wohl gefühlt. Das mag auch daran liegen, dass ich bei dieser Tätigkeit immer wieder ungestört meiner Neigung nachgehen konnte, das zu beobachten, was um mich herum vorgeht, und mich dabei zu fragen, was da eigentlich abläuft, worum es geht, was einen Markt im Innersten zusammenhält.

Wenn ich im Kreise meiner Kollegen und Mit-Marktfrauen bei einem guten Glas Wein erzähle, was ich dabei erfahren und gedacht habe, necken mich manche mit der Bemerkung, ich würde mal wieder Markt-Philosophie betreiben. In Zeiten, in denen bald jedes Produkt seine eigene Marken-Philosophie braucht, auch wenn sie noch so fadenscheinig und hohl ausfällt, weiß ich allerdings gar nicht, ob ich das als Kompliment auffassen soll...

Nun, auch wenn ich nie studiert habe, so weiß ich doch, dass Philosophen gerne das ins Auge fassen, was hinter dem ersten Anschein liegt, dass sie mit Vorliebe fragen und hinterfragen. So gesehen bin ich ganz gerne eine kleine Markt-Philosophin.

Als neugierige Frau beobachte ich nicht nur die kleine Welt meines eigenen Gemüsemarktes, sondern auch die große weite Welt des Marketings. Rein formal gesehen bin ich in Marketing nicht ausgebildet, doch das hindert mich nicht daran, mich dafür zu interessieren, wie in Sachen Marketing gesprochen, geschrieben - und gehandelt wird.

Um es gleich zu gestehen: Nicht alles, was ich dabei erfahre, gefällt mir. Und das sage ich dann auch laut und deutlich. Was mir von einigen Kolleginnen den Vorwurf eingebracht hat, ich würde zu viel meckern und deshalb Gefahr laufen, als zickig zu gelten. Damit kann ich leben, ich finde Ziegen nämlich interessante Viecher, die sich sehr gut zu verkaufen wissen.

Wissen Sie, was in meinen Augen dem Marketing am meisten fehlt? Nein, es sind nicht ausgeklügelte Theorien, Systeme, Modelle, Methoden, Techniken, Best-Practice-Studien, Ausbildungen, Seminare und Kongresse. Davon gibt es - sicher zum Glück - reichlich. Was ich oft vermisse, ist eine Ressource, die allerdings auch anderswo so knapp ist, dass ein Vermögen damit zu verdienen wäre, könnte man sie denn in Flaschen abfüllen: gesunder Menschen-verstand.

Nehmen wir doch mal einen weit prominenteren Autodidakten in Sachen Marketing als mich: Henry Ford. Der hat bekanntlich gesagt, er wüsste, dass er die Hälfte seiner Werbeausgaben zum Fenster hinaus schmeißen würde - er wüsste bloß nicht, welche Hälfte.

Das ist bald hundert Jahre her. Hat sich deswegen etwas geändert? Ist Werbung, und Marketing insgesamt, seit jenen Zeiten wirklich besser, effizienter und effektiver geworden?

Aufwändiger sicher. Neulich konnte man eine Schätzung lesen, wonach pro Jahr auf der Welt für Marketing (inklusive Branding und Werbung) etwa 500 Milliarden Dollar ausgegeben werden, grob gerechnet das Anderthalbfache des gesamten Schweizerischen Bruttoinlandprodukts.

Ein stolzes Sümmchen ist das. Und ein Ende dieser Ausgabenflut ist nicht abzusehen. Bald wird aus dem halben Billionen-Ding Marketing ein ganzes. Was dann auch bedeuten würde, dass eine halbe Billion gemäss Henry Ford für die Katz wäre. Mindestens.

Denn es steht nirgends geschrieben, dass mehr Marketingausgaben automatisch mehr Markterfolg bringen. Das Gesetz vom abnehmenden Grenznutzen kenne sogar ich. Und mir kommt dabei noch ein anderes Bild in den Sinn: der Nürnberger Trichter.

Sie kennen vielleicht diese mittelalterliche Vorstellung davon, wie man Schülern Wissen beibringen kann: Durch ein Loch in der Schädeloberdecke wird der schmale Teil eines Trichters eingeführt, und dann kann man oben das Wissen hinein schütten.

Nur: Wenn der Kopf voll ist, kann man oben an der Trichteröffnung noch so sehr pressen und stopfen, mehr geht nicht hinein.

Dass Verstopfung herrschen muss, zeigt ein einfacher Zahlenvergleich. Im deutschsprachigen Raum buhlen ungefähr 60 000 Marken um die Aufmerksamkeit der Konsumenten. Ein durchschnittlicher Mensch beherrscht etwa 10 000 Wörter in seiner Muttersprache. Rechne!

Nichtsdestotrotz verfolgen immer noch viele Anbieter nur eine Strategie: Werbedruck verstärken. Feuerkraft erhöhen. Mehr vom selben.

Das meine ich, wenn ich von fehlendem Common Sense rede. Oder nehmen Sie ein anderes Beispiel. Ist Ihnen schon mal aufgefallen, wie viele TV-Spots ohne ein einziges gesprochenes Wort auszukommen glauben? Dabei weiß doch jedes Kind, dass die Augen während der Fernsehwerbung sehr oft ganz woanders sind, auf dem Teller, in der Zeitung, auf dem Bügelbrett. Keine Chance also zu erfahren, wofür der Spot überhaupt wirbt.

Geld zum Fenster raus zu werfen, weil es ja vielleicht doch wirksam sein könnte, ist eines. Es den Bach runter zu spülen, obwohl man mit ein bisschen Nachdenken darauf kommen könnte, dort sei es definitiv für die Katz, ist ein anderes. Bloß, mich fragt ja wieder keiner.

Stimmt nicht. Ein netter junger Mann, schon lange mein Kunde, hat mich gefragt, ob ich nicht über meine bescheidenen Erkenntnisse in sein Tonband plaudern würde. Er schreibe an einer Arbeit über marktorientierte Unternehmensführung aus der Sicht von unten. Aber klar, mach ich doch gerne. Denn:
Etwas Marketing-Philosophie kann nie schaden.

Dienst-
Leistung
Marketing

Noch kommt mir der Slogan "Marktorientierte Unternehmensführung" als Katze im Sack vor. Einerseits gefällt er mir natürlich. Als oberste Richtschnur, als letzte Entscheidungsinstanz für ein Unternehmen kann nur der Markt dienen. Das ist eigentlich so sonnenklar, dass es kaum der Rede wert ist.

Ich weiß natürlich auch, dass Selbstverständlichkeiten nicht immer für alle selbstverständlich sind, und so sehe ich auch in vielen Fällen die Berechtigung des Schlachtrufs "Mehr Macht für das Marketing!". (Noch) mehr Ausrichtung auf den Markt ist sicher immer noch das beste Rezept für den Unternehmenserfolg.

Weniger gefallen mir Begriffe wie "Führung" oder "Macht". Das klingt für mich immer ein bisschen so, als wolle sich das Marketing zum Herren aufschwingen.

Und das wäre nun Wesen und Sinn von Marketing gründlich missverstanden. Aber wirklich.

Wesen und Sinn des Marketings sind jene des Dieners, und nicht des Herren. Ich weiß, das klingt jetzt etwas pathetisch, doch wir reden ja schließlich auch von so etwas wie einem Wesen namens Markt, der sozusagen als übergeordnetes Prinzip den Austausch von materiellen und immateriellen Werten zwischen seinen vielfältigen einzelnen Teilnehmern ermöglicht. Marketing wiederum *dient* dazu, eben diese Austausch-Prozesse möglichst effizient, effektiv - und nicht zuletzt auch vergnüglich - zu organisieren.

Nicht mehr, aber auch nicht weniger. Ich habe es immer als ehrenvolle Aufgabe betrachtet, bei diesem Dienst dabei zu sein. Ich habe es lieber, wenn es fließt, als wenn es stockt, auch beim Austausch von Gütern und Dienstleistungen. Wenn Marketing den Dienst leistet, dieses Fließen zu ermöglichen, leistet es viel.

Nur, damit wir uns nicht missverstehen: Ich bin viel zu geerdet, um Erfüllung darin zu finden, einem höheren Wesen einen Dienst zu erweisen, und hieße dieses auch Markt. Und ich bin auch liebend gerne meine eigene Herrin. Aber wenn ich hinter meinem Gemüsestand stehe, diene ich gerne.

Zunächst natürlich meinen Kundinnen. Zum einen, weil es mir Spaß macht, zum anderen aus ganz eigennützigen Motiven: Kunden, die ich zu ihrer Zufriedenheit bedient habe, kommen wieder, und das ist schließlich meine Existenzgrundlage.

Sicher, am Anfang meiner Laufbahn als Marktfrau hatte ich auch manchmal das Gefühl, ich wüsste besser als meine Kundinnen, was diese brauchten und was ihnen gut täte. In meinem Geschäft lernt man dann schnell, dass es immer um ihre Zufriedenheit geht und nicht um meine Vorstellungen davon.

Das heißt übrigens keineswegs, dass ich mich meinen Kunden gegenüber unterwürfig verhalte. Ich mache durchaus selbstbewusst meine Empfehlungen und Vorschläge, und wenn ich das Gefühl habe, ein Kunde wüsste nicht so recht, was er wolle, unterstütze ich ihn dabei, das herauszufinden.

Es ist wie immer im Leben der Ton, der die Musik macht. Wenn ich einer Kundin sagen würde, »das musst du kaufen!«, dann nähme sie zu Recht Reißaus. Wenn ich ihr dagegen mit einem Lächeln eine Empfehlung unterbreite, hört sie sicher hin, ohne sich in ihrer Entscheidungsfreiheit eingeschränkt zu fühlen.

Jemanden zu etwas *überreden*, was er eigentlich gar nicht will, könnte ich schon. Aber damit hätte ich ihn als Kunden auch schon verloren. Von Geschmack und Nährwert einer neuen Gemüsesorte *überzeugen* - das macht schon eher Sinn.

Das sind alles Dinge, die man auf dem Gemüsemarkt schnell lernt, einfach, weil der Kontakt zwischen Anbietern und Kunden so direkt ist, dass sich jede Störung im partnerschaftlichen Verhältnis auf gleicher Augenhöhe zwischen den beiden sofort fatal auswirkt. Dann ist der Kunde weg, und ich weiß aus Erfahrung, dass es viel mühsamer ist, eine neue Kundin zu gewinnen, als eine alte zu behalten.

Das merken die jetzt so langsam auch in den Marketing-Abteilungen. Wie gebannt starrt man dort auf das neue Phänomen "Kundenbeziehungen" (als ob es die nicht schon immer gegeben hätte), und versucht, das zu machen, was man auf der Management-Schule gelernt hat: sie zu managen.

Ich frage mich dann immer, ob diese Herren zu Hause keine Frau haben. Die würde ihnen nämlich ziemlich schnell die Flausen austreiben, man könne eine Beziehung *managen*. Wenn Beziehungen gedeihen sollen, ob private, solche auf dem Markt oder zwischen Unternehmen und Mitarbeitern, so muss man sie *pflegen*. Und das ist etwas ganz anderes als managen.

Auf meinem Markt machen solche scheinbaren Feinheiten den Unterschied zwischen Erfolg und Misserfolg aus, denn meine Kundinnen haben ein Gespür für solche feinen Unterschiede. Und zwar ein wachsendes. Ich könnte mir vorstellen, dass das zunehmend auch für andere Märkte gelten wird.

Deshalb, nur so als Idee: Wie wäre es zum Beispiel, sich wieder mal daran zu erinnern, dass *Werbung* nicht etwa in einem Holzhammer wurzelt, sondern im romantischen *Umwerben* einer Angebeteten? Man würde dann da und dort vielleicht eher wieder zur lockenden Schalmei greifen statt zur röhrenden Tuba...

Wie dem auch sei. Ich wollte nur sagen, dass mir ein gepflegtes Marketing allemal lieber ist als ein gut gemanagtes. Auch wenn Pflege manchmal anstrengend ist. Etwas salopp formuliert gilt nämlich für das Marketing dasselbe wie für das Tanzen: 5 Prozent ist Inspiration, 95 Prozent ist Transpiration.

Wobei Anstrengung ja auch die gute Wirkung haben kann, dass man vollständig in seinem Tun, in seiner Dienst-Leistung aufgeht und sein kleines Ego dabei ganz vergisst. Um dabei eine entscheidende Lektion zu lernen:

Marketing ist kein Ego-Trip.

Alles fließt

In der Ausgabe von 1900 des Brockhaus-Lexikons stand noch geschrieben, das Greisenalter beginne für Frauen zwischen 45 und 50. Gott sei Dank hat sich diese Vorstellung gewandelt, so dass ich also noch keine Greisin bin, obwohl ich doch schon einen ganz hübschen Zeitbogen überblicke.

Zusammen mit den Erzählungen meiner Mutter und meiner Großmutter, die auch schon Marktfrauen waren, haben sich so Erinnerungen aus unterschiedlichen Zeitschichten aufeinander getürmt wie Liegestühle am Strand, die als Kernbotschaft die Bestätigung einer alten Weisheit enthalten: Das einzig Konstante ist der Wandel.

Wenn ich allein die Veränderungen im Marktumfeld anschaue: Es gab Zeiten, da gab es für Gemüse und Obst keine andere Bezugsquelle als unsere - ein klarer

Fall von Monopol. Das hat sich gründlich geändert.

Dafür gab es auch Veränderungen, die ich sehr begrüßt habe, etwa im Rechnungswesen. Früher musste ich Papier und Bleistift benutzen, um eine größere Reihe von Zahlen zu addieren, und das war deutlich unbequemer als der Taschenrechner.

Dabei habe ich gelernt, nicht immer sofort auf die Versprechungen des Neuen aufzuspringen. Erst mal abzuwarten, ob das Neue wirklich mehr taugt als das Bewährte, ist keine schlechte Lebensregel.

Apropos Regeln. Auch die verändern sich dauernd. Bei uns Marktfrauen galt zum Beispiel lange die eiserne Regel, das Wichtigste sei es, überhaupt etwas anzubieten, egal was, Hauptsache, die Kunden hatten etwas zu futtern. Es folgte die Nachfrage nach möglichst viel Nährwert.

Dann kamen, in immer rascherer Folge, neue Anforderungen an unser Gemüse. Jetzt sollte es auch gesund sein und gut schmecken und gut aussehen. Gemüsesorten mussten im Trend liegen, ein positives Image haben.

Mittlerweile darf mein Gemüse auf keinen Fall schädliche Inhaltsstoffe aufweisen. Es muss möglichst natürlich und ohne Umweltbelastung produziert werden, so dass meine Kunden ein gutes Gewissen haben können. Und schon hat neulich eine Kundin verlangt, genau zu erfahren, an welchem Plätzchen ihre Karotten gewachsen seien, damit sie dort meditieren und pendeln könne.

Mit jedem Wechsel in der Nachfrage ging auch ein Wechsel der Regeln für die Produktion von Gemüse einher. Einmal hieß es: Möglichst viel Dünger! Dann wieder: Kein Kunstdünger! Daraus kann man sehen, dass angeblich Neues oft schon ziemlich alt aussieht.

Da heißt es natürlich, anpassungsfähig zu bleiben, das heißt wandlungsfähig. Meine Erfahrung hat mich gelehrt, dass das keine Frage von neuen Methoden und Techniken ist. Das, was man davon wirklich braucht, kann man lernen. Auch zu mir kommen Kunden, die am Vortag per Newsletter von mir erfahren haben, was ich heute an Besonderem im Angebot habe.

Nein, Wandlungsfähigkeit ist primär eine Frage der inneren Haltung. Neugier hilft dabei sehr, die Lust, Neues dazu zu lernen und so den eigenen Horizont zu erweitern. Und natürlich auch eine gewisse Gelassenheit, die weiß, dass jedem Hoch auch wieder ein Tief folgt, und umgekehrt, und dass das nichts daran ändert, dass das Leben weiter geht.

Zur Gelassenheit, sich im Strom der Zeit dort der Strömung auszusetzen, wo sie stark ist, gehört als Gegenpol bekanntlich der Mut, dort gegen den Strom zu schwimmen, wo dies möglich ist. Die Zukunft bricht nicht wie ein unausweichliches Schicksal über uns herein, sie lässt sich, oft mehr als wir denken, auch aktiv gestalten.

Als Dritte im Bunde ist Weisheit gefordert, die Weisheit, unterscheiden zu können zwischen jenen Bereichen, in denen nichts zu ändern ist und die man deshalb am besten gelassen hinnimmt, und jenen anderen, in denen wir sehr wohl etwas verändern können, auch wenn es manchmal etwas Mut braucht.

Ob man beim Navigieren im Zeitstrom lieber dem etwas trägen Hauptstrom (mainstream) folgt oder den etwas quirligeren Seitenästen, ist letztlich genau so Geschmackssache wie die Frage, ob man lieber ein kleiner Fisch in einem großen Fluss ist oder ein großer in einem kleinen. Hauptsache, man bleibt nicht auf den eigenen Hinterbacken sitzen, sondern bewegt sich vorwärts, bleibt im Fluss.

Obwohl, wenn ich es mir recht überlege, bin ich natürlich auch eine stabile Insel im oft reißenden Zeitfluss. Jene Kundinnen, die es wissen können, bestätigen mir, im Kern sei ich über die Jahrzehnte dieselbe geblieben, auch wenn die äußeren Formen etwas fließender geworden sein mögen.

Ähnliches gilt für mein Angebot. Natürlich sind neue Sorten dazu gekommen, aber ich versuche seit jeher, möglichst natürlich produziertes und gesundes Gemüse zu verkaufen. Es gab Zeiten, da war das nicht einfach, weil meine Karotten zwangsläufig etwas verschrumpelter aussahen als die aufgemotzten der Konkurrenz. Jetzt ist die Nachfrage danach erfreulich, was zeigt, dass zur Wandlungsfähigkeit auch gehören kann, zu warten, bis die Zeit reif ist für etwas, von dem man schon immer überzeugt war.

Und schließlich mein Marketing: Ich habe zwar vom Schreibblöcklein zum Laptop gewechselt, doch ich pflege mein Kundenbeziehung noch immer mit Freundlichkeit, Aufmerksamkeit und Respekt, statt sie zu managen.

Woraus man sieht, dass sich zwar alles stetig wandelt, was wir am besten lieben lernen; dass es aber im Kern immer auch eine konstante Essenz gibt, der weder Modeströmungen noch Trends noch Wandel in der Außenwelt etwas anhaben können.

Was das alles mit Marketing zu tun hat? Nun, es ist Leben, und wenn Marketing nichts mehr mit dem Leben zu tun hat, können wir es gleich vergessen. Konstanz und Wandel: Beides ist Teil des Lebens und damit des Marketings:

Regeln wandeln sich. Weisheiten bleiben.

Mit den Wölfen heulen

Neulich kam doch so ein geschniegelter Jüngling zu mir an den Gemüsestand und wollte mir einen Kurs für das ultimative Marketingsystem andrehen. »Gute Frau«, sprach er schmeichelnd, »das müssen Sie sich einfach leisten. Das System ist von den besten Wissenschaftlern entwickelt worden. Es wurde in vielen großen Konzernen mit Erfolg getestet. Es ist daran, Standard in der akademischen und in der berufsbegleitenden Ausbildung zu werden. Jetzt haben wir eine populäre Version auf den Markt gebracht, die auch für Marktfrauen wie Sie verständlich und anwendbar ist. Sie werden Ihren Umsatz garantiert massiv erhöhen, wenn Sie unser System lernen und strikt befolgen.«

Während ich weiterhin die etwas aus der Reihe geratenen Karotten ordnete, hatte ich Zeit, meine Gedanken zu ordnen. Das war nicht schwer...

»So, junger Mann«, begann ich dann, »Sie glauben also, im Besitz der ultimativen Marketingwahrheit zu sein.«

»Nicht ich«, unterbrach er mich, »da stecken die besten Koryphäen dahinter. Unser System ist gleichsam die Quintessenz allen bisherigen Marketingwissens, und wer sich daran hält, kann somit mit Sicherheit nichts falsch machen.«

»Und Ihr Marketingsystem passt überall, beim globalen Konzern ebenso wie bei einer einfachen Marktfrau wie mir?«

»Sage ich doch«, entgegnete der langsam etwas ungeduldig werdende junge Mann. »Das ist genau sein großer Vorteil. Es handelt sich um ein universal anwendbares System. Seine Regeln gelten überall, wenn man sie nur konsequent genug anwendet.«

»Da haben wir den Salat. Sehen Sie, ich glaube nicht an die Existenz von allgemein gültigen Regeln. Das Leben ist so bunt und vielfältig wie mein Gemüsestand, mit sturen Regeln kommt man da nicht weit. Zudem wandelt sich das Leben ständig, und was gestern noch gültig war, muss es heute und morgen noch lange nicht sein.

Und dasselbe gilt doch auch für das Marketing. Es macht nun mal einen Unterschied, ob man Fische verkauft oder Lokomotiven, und ob man das in Grönland tut oder auf den Malediven. Wie soll da ein geschlossenes Regelwerk überall passen?«

Der junge Mann sah seine Felle langsam davon schwimmen und versuchte, sich dagegen zu stemmen: »Sie wollen mir doch nicht sagen, dass Sie bei Ihrem eigenen Marketing ganz ohne festes Regelwerk auskommen und alles aus dem hohlen Bauch heraus entscheiden?«

»Ganz im Gegenteil«, entgegnete ich, »ich hatte im Laufe eines langen Berufslebens reichlich Zeit, mir meine Gedanken darüber zu machen, was ich eigentlich tue und warum ich es wie mache. Dabei habe ich gelernt, dass es nicht um Regeln geht. Regeln sagen immer "tue dies und lasse das!", unabhängig von der konkreten Situation. Nein, ich beschäftige mich lieber mit Wahrnehmungsweisen, mit Werten und Grundsätzen. Die sagen mir nicht, was ich zu tun habe, aber sie erlauben es mir, mein Tun und Lassen immer wieder selbstkritisch an diesen Grundsätzen zu messen. Und das bringt mich auf Dauer weiter.«

»Sie sind ja eine richtige kleine Philosophin«, staunte er jetzt.

»Nennen Sie es, wie Sie wollen. Schließlich muss eine einfache Marktfrau ja nicht dumm sein. Und tatsächlich ziehe ich eine klare und durchdachte Marketingphilosophie mit einigen einfachen, aber wirksamen Grundsätzen jedem noch so ausgeklügelten Marketingsystem jederzeit vor. Es ist einfach lebensnaher.

Nichts gegen systematische Marketingforschung - im Gegenteil. Und nichts gegen Strukturen im Denken. Das Problem fängt dort an, wo ein System Anspruch erhebt, allgemein und immer gültig zu sein.

Machen Sie doch einfach mal ein Gedankenexperiment. Stellen wir uns mal vor, Sie hätten Recht, und Ihr wunderbares Marketingsystem wäre wirklich perfekt. Das ließe sich wohl kaum lange geheim halten. Kaum würde ich das System anwenden, täte es auch meine Standnachbarin, und bald würden alle mit den Wölfen heulen und exakt dasselbe Marketing betreiben.«

»Genau das ist unsere Vision!«, strahlte mein Gegenüber.

»Eine ziemlich dämliche Vision, muss ich schon sagen. Schlicht nicht zu Ende gedacht. Denn was entstünde zum Schluss daraus? Eine Armee von Klonen ! Und die sind, wie wir seit "Dolly" wissen, nicht besonders lebenstüchtig.«

»Nun ja, die Marketinglandschaft würde vielleicht einförmiger, aber dafür effizienter.«

»Für wen? Wenn ich genau dasselbe täte wie alle anderen Anbieter auf diesem Markt hier, was sollen denn die armen Kunden tun? Sie können ihren Gemüsestand nicht mehr danach aussuchen, welches Marketing am besten zu ihnen passt. Also wählen sie zunächst nach dem blinden Zufallsprinzip aus, was ihnen schnell langweilig wird, und so bleiben sie unserem Markt bald ganz fern.

Nein, Ihr theoretisches perfektes Marketingsystem würde nur Verlierer produzieren. Jeder Markt lebt nun mal gerade von den Unterschieden im Marketing der einzelnen Anbieter. Nur so haben die Kunden eine wirkliche Auswahl. Wo es nur eine Uniform im Angebot gibt, kann von Markt keine Rede sein. Und damit auch nicht von Marketing.«

Der junge Mann sah nun endgültig ein, dass bei mir mit perfekten Marketingsystemen nichts zu wollen war, und verabschiedete sich mit der Bemerkung »Sie sind aber wirklich eine eigensinnige Marktfrau mit einer eigenwilligen Marketingphilosophie...«

Ich sagte ihm mit einem versöhnlichen Augenzwinkern, ich würde dies als Kompliment auffassen. Schließlich gelte auch im Marketing:

An ihrem individuellen Fingerabdruck sollt Ihr sie erkennen.

Innere
Quellen

»Kann ein Glatzköpfiger erfolgreich Haarwuchsmittel verkaufen?« Antwort von Radio Eriwan: »Im Prinzip ja, aber nur, solange man ihn dabei nicht sieht.«

An diese hübsche Geschichte musste ich denken, als ich neulich mit einer jungen Frau ins Gespräch kam, die sich fragte, ob sie eine Berufslaufbahn im Marketing anstreben solle. Sie war klug genug, dabei weniger auf ohnehin unsichere künftige Aussichten im Arbeitsmarkt zu schielen, sondern auf ihre inneren Quellen, denn nur diese werden sie auch über allfällige Durststrecken hinweg tragen.

Und so wollte sie von mir wissen, welche inneren Antriebskräfte für gute Marketingleute notwendig wären, ob es dafür so etwas wie einen Katalog von Eigenschaften gäbe, die man unbedingt haben müsse.

Statt ihr einen langen Vortrag zu halten, unterzog ich sie demselben Test, den ich anwende, wenn ich mal wieder eine neue Hilfskraft für meinen Gemüsestand suche. Ich fragte sie ganz einfach, ob sie eine bewusste Konsumentin sei.

Als sie etwas erstaunt guckte, fragte ich präziser nach: »Wissen Sie genau, was Sie für ein Produkt oder eine Dienstleistung wollen? Haben Sie einen Sinn für ein faires Verhältnis zwischen Leistung und Preis? Können Sie gute Qualität von weniger guten unterscheiden? Nehmen Sie wahr, ob das Verkaufspersonal kompetent und freundlich ist? Wissen Sie beides zu schätzen? Ärgern Sie sich über fehlenden Respekt, der Ihnen entgegen gebracht wird? Über aufdringliche und plumpe Anmache? Kurzum: Wissen Sie, was Sie beim Konsum zufrieden macht und was nicht?«

Bei jeder Frage nickte die angehende Marketingfrau mehr oder weniger heftig, doch immer noch drückte ihr Gesicht Zweifel aus, als sie nachfragte, was das denn alles mit Marketing zu tun hätte.

»Nun«, antwortete ich, »das Marketing glaubt zwar oft, es hätte es mit so abstrakten Phänomenen wie Zielgruppen, Kunden-Clustern oder Key Accounts zu tun. Zu einem solchen Missverständnis konnte es nur kommen, weil sich in modernen Märkten Anbieter und Kunden immer weiter voneinander entfernt und deshalb keinen direkten Kontakt mehr haben. Hier auf dem Gemüsemarkt ist es viel leichter zu merken, dass Kunden immer individuelle Menschen sind. Unterschiedliche Menschen mit persönlichen Eigenheiten sicher, aber alles Menschen mit einigen verbindenden allgemeinen Werten.

Sie alle wollen durch Konsum mehr statt weniger Lebensqualität, sie allen wollen fair, anständig und respektvoll behandelt werden, sie alle wollen umworben statt angeworben werden, sie alle möchten nicht, dass nach dem Kauf jedes Interesse an ihnen schlagartig erlischt. Und so fort.«

»Aber das ist doch sonnenklar und selbstverständlich«, wandte die junge Frau ein.

»Für Sie offenbar«, sagte ich erfreut, »und damit haben Sie in meinen Augen den Test schon bestanden. Sie sind sich Ihrer Bedürfnisse, Wünsche und Erwartungen als Konsumentin bewusst, das heißt, Sie machen sich Ihre Gedanken darüber, und Sie nehmen wahr, wo Sie zu Ihrer Zufriedenheit bedient werden und wo nicht.

Wenn Sie also dereinst auf der anderen Seite sitzen werden, können Sie in Gedanken jederzeit wieder einen Rollenwechsel vornehmen und sich in den Kopf einer gewöhnlichen Konsumentin hinein versetzen. Wenn Sie vor Marketing-Entscheidungen stehen, können Sie sich immer einfach fragen, wie Sie es denn gern hätten, was Sie zufrieden machen und Ihre Lebensqualität verbessern würde.«

Die junge Frau dachte einen Moment nach und sagte dann entschieden: »Wenn ich mich umschaue, was mir als Kundin vom Marketing so geboten wird, habe ich nicht den Eindruck, dass diese Methode, sich ganz einfach in den Kopf der Kunden hinein zu versetzen, sehr oft praktiziert wird.«

»Da haben Sie leider Recht«, seufzte ich, »doch umso mehr braucht es im Marketing Menschen wie Sie, die sich wirklich dafür interessieren, was ihre Kunden wollen, denen zufriedene Kunden mehr sind als ein Bilanzposten, nämlich ein Herzensanliegen.«

Die junge Frau begriff schnell. »Dann ist gutes Marketing also keine Frage von Techniken und Methoden, als vielmehr eine der inneren Haltung.«

»Ja. Wenn Sie nicht wirklich wissen wollen, was die Kunden wollen - auch dann, wenn diese es vielleicht noch gar nicht wissen - nützen Ihnen die ausgefeiltesten Techniken der Marktforschung wenig. Und wenn Sie nicht wirklich überzeugt sind von dem, was Sie vermarkten wollen, kommt das rüber.«

Ob man diese Haltung lernen könne, wollte sie wissen, und ich sagte ihr, etwas davon müsse wohl angeboren sein, den Rest könne man üben, indem man sich immer wieder mal bewusst in den Kopf der Kunden versetzte.

»Das Schöne daran«, ergänzte ich, »ist das Phänomen, dass Sie immer weniger bewusst daran denken müssen, wenn Sie es ein paar Mal getan haben. Es geht dann in Fleisch und Blut über und wird automatisiert wie Autofahren. Je mehr Erfahrung Sie haben, desto besser können Sie sich auf Ihre Intuition verlassen, selbst dann, wenn der Augenschein dagegen spricht.«

»Auf Intuition und gesunden Menschenverstand zu vertrauen, haben wir Frauen schon immer besser gekonnt«, sagte die junge Frau augenzwinkernd.

»Und ich sehe«, fuhr sie fort, »dass innere Haltung und inneres Feuer, Interesse, Freude, Spaß am eigenen Tun und an der eigenen Rolle dabei, auf den Märkten Verbindungen zu knüpfen und den Austausch zum Fließen zu bringen, also eigentlich lauter „geistige“ Dinge, zur Grundausstattung von Marketing-Menschen gehören sollten.«

Ich bejahte entschieden, denn:

Ohne Be-Geisterung kein gutes Marketing.

Die
Währung
Vertrauen

Ich kenne den Einwand: In den Märkten und damit im Marketing ginge es nicht um wolkige geistige Phänomene, sondern um harte Fakten und nackte Tatsachen, sprich um Geld.

Sind Sie da so sicher? Schließlich gab es Märkte, lange bevor es Geld gab. Das Wesen des Marktes ist nicht das Geld, sondern der Tausch. Sicher, die geniale Erfindung des Geldes hat die Möglichkeiten von Tauschbeziehungen auf den Märkten unendlich erweitert, weil man jetzt nicht mehr nur direkt ein paar Kilo Tomaten gegen einen Haarschnitt tauschen kann, sondern alles gegen Geld und dieses wieder zurück gegen alle Waren und Dienstleistungen.

Das ändert aber nichts daran, dass es im Grunde noch immer um Tausch geht: Ich habe was, was du nicht hast, und umgekehrt - also lass uns tauschen.

Dann geht es beiden besser. Das ist das Prinzip des Marktes: Austausch zum beiderseitigen Vorteil. Geld ist dabei ein wichtiges Schmiermittel, nicht weniger, aber auch nicht mehr.

Doch, etwas mehr ist Geld, nämlich ein wunderbarer Anschauungsunterricht dafür, worum es im Marketing wirklich geht: um Vertrauen.

Geld hatte ja am Anfang tatsächlich noch einen materiellen Wert, notfalls konnte man die Münzen aus Edelmetall einschmelzen und als Schmuck verkaufen. Im Falle von Banknoten dürfte das nur noch ganz wenigen gelingen. Und die digitalen Daten in vielen Computern, die heut zu Tage vorwiegend unser Geld bilden, eignen sich schon gar nicht als Kunstwerk.

Das Ganze funktioniert also nur, weil wir, ohne dass wir daran denken müssten, darauf vertrauen, dass wir jenes Geld, das wir etwa im Tausch gegen Arbeitsleistung bekommen haben, jederzeit wieder in Güter und Dienstleistungen umtauschen können, um unsere Bedürfnisse und Wünsche zu erfüllen.

Die Basis unseres Geldsystems, und damit unseres ganzen Wirtschaftssystems, ist also ein ganz und gar weicher Faktor, ein ebenso wenig messbares wie dafür umso wirksameres Phänomen wie Vertrauen.

Dieses Vertrauen in das Geldsystem muss ich investieren, wenn ich die Banknoten meiner Kundinnen als Tauschmittel akzeptiere, oder wenn ich der einen oder dem anderen auch mal Kredit gewähre. Aber meine Kunden müssen umgekehrt noch weit mehr Vertrauen in mich investieren. Sie müssen, wenn sie mir mein Gemüse abkaufen, darauf vertrauen, dass es keine versteckten faulen Stellen hat, gesund ist und schmeckt.

Sie müssen darauf vertrauen, dass ich ihnen nicht zu viel abknöpfe. Dass ich ihnen keine falschen Tipps gebe. Dass ich eine Ware auch zurück nehme, wenn sie versteckte Mängel hat. Dass ich verlässlich für sie da bin, wenn sie mich brauchen.

Wenn eine Kundin das erste Mal zu mir kommt, kann sie nicht wissen, ob ich ihren Vertrauens-vorschuss wirklich rechtfertigen werde - es sei denn, sie hätte Empfehlungen von zufriedenen Kundinnen gehört, was Gott sei Dank recht häufig vorkommt.

Danach allerdings wandelt sich dieser Vorschuss an Vertrauen dank positiver Erfahrungen in eine gedeckte Währung um. Die Kunden wissen natürlich nie mit letzter Sicherheit, ob ich ihr Vertrauen auch in Zukunft verdienen werde, aber dank ihrer realen Erfahrung mit meinem Marketing wird diese Möglichkeit immerhin sehr viel wahrscheinlicher.

Wenn ich zum Beispiel, anders als manche meiner Kolleginnen, auch beim größten Huddelwetter meinen Stand aufmache, dann verstärkt das für meine Kundinnen den Eindruck, man könne sich auf mich verlassen.

So äufnet sich, in kleinen Schritten, aber nach dem Prinzip von Zins und Zinseszins, Vertrauenskapital an. Und das ist das wertvollste Kapital, das man als Anbieter in allen Märkten der Welt haben kann.

Vertrauenskapital ist nicht zuletzt deswegen so kostbar, weil es so verletzlich und flüchtig ist. Einmal gewonnen, lässt es sich nicht einmauern, sondern kann nur gepflegt werden. Und so mühsam es ist, und so lange es dauert, Vertrauenskapital aufzubauen, so leicht und so schnell ist es verloren.

Ich habe mal die Zahlen gelesen, wonach eine unzufriedene Kundin etwa vier Mal so häufig über ihre negativen Konsumerfahrungen spricht als eine zufriedene über ihre positiven - und das sicher auch noch wesentlich intensiver. Da werden dann andere Kunden oder solche, die es werden könnten, sehr schnell verunsichert und ziehen ihr Vertrauenskapital ab. Und schon steht man mit ziemlich abgesägten Hosen da.

Ich bin mir ziemlich sicher, dass das nicht nur an meinem Gemüsestand so läuft. Und darum läge es eigentlich nahe, dass es das oberste Ziel jeden Marketings sein müsste, das Vertrauenskapital der Kunden zu mehren.

Ich gebe es ja zu, die Jungs und Mädel im Marketing haben es schwerer als ich, bei mir reicht dazu nämlich manchmal ein Lächeln. Dennoch frage ich mich, warum nicht mehr Zeit und Energie darauf verwendet wird, überzeugende Marketing-Formen zu finden, die dasselbe ausdrücken wie ein Lächeln. Warum wird die Erkenntnis, es sei sehr viel einfacher, eine vorhandene Kundin zufrieden zu machen als einen neuen Kunden zu gewinnen, so wenig in praktisches Marketing-Handeln umgesetzt?

Das ist wieder eines dieser vielen ungeklärten Rätsel der Natur. Hauptsache ist, dass ich es für mich begriffen habe: Es geht bei allem, was ich in meinem Marketing tue, darum, das Vertrauen meiner Kundinnen und Kunden zu gewinnen, zu erhalten, zu mehren und zu rechtfertigen.

Wenn diese mir dann erzählen, sie gingen an den noch so verlockenden Ständen meiner Konkurrenz ziemlich achtlos vorbei, weil sie das von langjähriger Erfahrung genährte Vertrauen hätten, ich sei die Beste, dann fühle ich mich schon ein wenig bestätigt: *Auf Vertrauen lässt sich Marketing bauen.*

Bergführer

Auch wenn ich nur eine Amateur-Philosophin bin, so teile ich doch mit den professionellen Philosophen eine gewisse Schwäche für Sprache. Ich kann mich wundern über die Seltsamkeiten, die in manchen Begriffen stecken, die wir im Alltag gebrauchen, ohne uns je Gedanken darüber zu machen, wovon wir eigentlich sprechen.

Nehmen Sie nur dieses eine Wort: Führung. Wen wir dieses Wort im Marketing benutzen, meinen wir damit zwei sehr verschiedene Dinge.

Da ist zum einen das schöne Wort vom "Marktführer". Ich gebe es zu, auch mir ist Ehrgeiz nicht völlig fremd, und so bin ich gerne auf meinem Markt die Marktführerin, die nicht einfach nur den größten Gemüsestand hat, sondern auch den besten und den innovativsten.

Dass ich solcherart am liebsten in der Kategorie A eingestuft werde, heißt nichts anderes, als dass ich im Rennen mit der Konkurrenz gerne in Führung liege. Unsere ganze Marktwirtschaft, die ja sehr stark auf Wettbewerb aufbaut, würde nicht funktionieren, wenn wir Menschen nicht ein natürliches Bedürfnis hätten, die Position des Führenden einzunehmen - um welches Klassement es sich auch immer handelt.

Um Marktführer zu werden, sollten wir uns allerdings schon entscheiden, in welchem Klassement wir vorne liegen wollen, ob in der Abfahrt oder im Slalom. Wie im Skisport sind auch im Marketing jene rar, die sich sowohl in Massen- wie in Nischenmärkten ganz an der Spitze tummeln können.

Auf das Wort Führung sind wir allerdings zunächst in einem ganz anderen Zusammenhang gekommen, nämlich bei der marktorientierten Unternehmensführung. Nahe liegt in unserem Zusammenhang auch der Begriff der Markenführung. Hier ist von Leadership die Rede, und dieser englische Begriff lässt sich auf unsere Verhältnisse übertragen wohl am besten im Bild des Bergführers ausdrücken.

Verglichen mit dem Führenden in einem Rennen (Marktführer) hat der Markenführer, oder genereller, die Marketing-Führerin, eine ganz andere Aufgabe. Im Rennen sind die anderen ausschließlich Konkurrenten, die man sich möglichst weit vom Hals hält: Je weiter sie zurück liegen, das heißt, je weniger man mit ihnen zu tun hat, umso besser.

Bergführer kommen um engen Kontakt mit den anderen, also mit den Geführten, nicht herum. Gemeinsam mit ihnen legen sie Ziele fest, und ohne das feste Vertrauen der Kunden, ihre Bergführerin werde sie auf der besten Route dahin bringen, läuft gar nichts. Einmal unterwegs, ist es auch Aufgabe des Bergführers, seine Gäste immer wieder zu motivieren, ihnen Vertrauen zu geben, dass sie es schaffen, sie aufzumuntern, wenn sich die Hindernisse allzu hoch aufzutürmen scheinen. Kurzum: Der Marktführer ist nur erfolgreich gegen die anderen, der Markenführer dagegen gemeinsam mit den anderen. Was doch so ein paar Buchstaben ausmachen können…

Ich bin, wie gesagt, gerne Marktführerin, aber noch lieber bin ich Markenführerin. Das liegt sicher mit daran, dass ich in der zweiten Rolle autonomer bin als in der ersten. Ob Sie Marktführerin werden oder bleiben, hängt doch sehr von Faktoren ab, die Sie nicht beeinflussen können: Sie können einmal blöd straucheln, oder die Konkurrenz ist gedopt.

Ob Sie als Markenführerin erfolgreich sind, hängt dagegen weitgehend von Ihnen selber ab, auch deshalb, weil Sie es auch in der Hand haben zu bestimmen, was für Sie und Ihre Marke Erfolg eigentlich heißen soll. Marktführung muss ja nicht immer heißen, der größte zu sein, es kann auch bedeuten, die intelligenteste oder schnellste zu sein.

Wie dem auch sei: Als Markenführerin haben Sie immer ein gutes Rollenmodell vor Augen, jenes des Bergführers. Willy Ritschard, einst äußerst populärer Schweizer Finanzminister, hat einmal gesagt, ein guter Bergführer müsse den von ihm Geführten immer einen Schritt voraus sein. Sei es mehr, so kämen ihm die Gäste nicht mehr nach, sei es weniger, so könne er nicht mehr führen.

Das gilt natürlich auch für die Markenführung. Sie können mit dem, was Sie dem Markt anbieten, niemandem hinterher hecheln, weder den Kunden wünschen noch der Konkurrenz. Einen Schritt sollten sie beiden schon voraus sein, doch wenn die Distanz zu groß wird, kann ihnen niemand mehr folgen.

Ein guter Bergführer verkörpert darüber hinaus jene Dreiheit von "Knows", die jede gute Führerin braucht:

- Know *what*: Der Bergführer weiß, welche Ausrüstung, welche Hilfsmittel - und welche persönlichen Ressourcen für eine erfolgreiche Tour gebraucht werden.

- Know *how*: Der Bergführer kennt nicht nur die gängigsten Routen, sondern auch Abkürzungen, und darüber hinaus alle Tricks und Kniffe.

- Know *why*: Der Bergführer weiß, worum es geht, und er kann das auch den anderen vermitteln, egal ob es um die Rettung vor einem Absturz geht oder um die letzten Schritte zum Gipfel.

Jetzt versetzen Sie sich noch einmal in die Rolle der Kundin, welche die Wahl hat zwischen verschiedenen Bergführern, die alle für ihre Rolle hervorragend qualifiziert sind. Welchen werden Sie wählen? Ziemlich sicher jenen, der über das Ausfüllen seiner Rolle hinaus die Ausstrahlung einer souveränen, authentischen, erfahrenen und gelassenen Persönlichkeit hat.

Ich jedenfalls habe bei meinen gelegentlichen Ausflügen in die Berge diese Erfahrung gemacht. Und, wenn ich das ohne falsche Bescheidenheit sagen darf, auch als Marktfrau. Hinter jeder erfolgreichen Marke steckt eine Markenführung durch eine starke Persönlichkeit. Denn:

Auch Marketing braucht persönliches Profil.

Gleiche Augenhöhe

In den gar nicht so guten alten Zeiten, als die Armeen noch direkt auf dem Feld aufeinander einstachen, gab es die Einrichtung des Feldherrenhügels: Nur von oben herab hatten die Führer die nötige Aussicht, um den Überblick über das Geschehen zu behalten und mit Weitblick strategische Anweisungen zu geben.

Heute liefern Aufklärungsflugzeuge und Spionagesatelliten diesen Blick von oben, und Aufgabe der Führung ist es, alle Beteiligten optimal miteinander zu vernetzen, Drehscheibe für Information und Kommunikation zu sein.

Das Bild der Drehscheibe kommt vom Töpfern: Versuchen Sie mal, mit einer Drehscheibe zu arbeiten, die oberhalb des Lehmklumpens angebracht ist. Das wird nicht funktionieren, die Drehscheibe muss unten die Basis bilden und nicht oben den Deckel...

Die Lehre, die wir aus dieser Beobachtung für das Marketing ziehen können, hat zwei Seiten:

Von oben herab zu gucken, ist nötiger denn je. Nur der Blick von oben verschafft den nötigen Über- und Weitblick, um künftige Risiken und Chancen in den Märkten rechtzeitig erkennen zu können. Sich über die Niederungen des Alltagsgeschäfts zu erheben, um aus Distanz und mit anderer Perspektive das zu betrachten, was man selber tut und was sich im Umfeld entwickelt, macht Sinn.

Andere von oben zu betrachten ist jedoch etwas ganz anderes als sie von oben herab zu behandeln. Mag ja sein, dass ich den besseren Überblick über das Feld von Obst und Gemüse habe als die meisten meiner Kunden, aber das gibt mir noch lange nicht das Recht, überheblich zu sein, sie von oben herab zu behandeln.

Auch ich gerate gelegentlich ins Visier von Umfragen der Marktforschung, und da wundere ich mich schon, wie selten eigentlich die wirklich entscheidenden Fragen gestellt werden. Immerhin gab es neulich die Frage, was am meisten die eigene Lebensqualität beeinträchtige, wenn es um Konsum und Einkauf ginge. Und netterweise konnte man gleich erfahren, was die anderen geantwortet hatten.

An der Spitze dieser negativen Hitliste stand eine klare Aussage: »Wenn ich vom Anbieter nicht ernst genommen werde«. Und gleich dahinter: »Wenn nicht meine Werte zählen, sondern nur mein Geld«. Für mich übersetze ich das mit fehlendem Respekt.

Oder, um im Bild zu bleiben: Wenn Kundinnen und Kunden vom Marketing von oben herab behandelt werden statt als gleichwertige Partner, denen man auf gleicher Augenhöhe begegnet.

Solche Partnerschaft scheint in vielen Märkten nicht das vorherrschende Modell zu sein, sonst gäbe es nicht so viele Klagen über mangelnden Respekt. Und in der Tat stelle ich eher eine Zunahme von aggressivem Marketing fest, was nun mal das pure Gegenteil von partnerschaftlichen Beziehungen auf gleicher Augenhöhe bildet.

Gut, wenn Sie eine Drückerkolonne anführen, die möglichst schnell möglichst viele Zeitschriftenabos verkaufen will, um dann zu verschwinden, können Sie sich vielleicht aggressive Marketingmethoden leisten.

Ich kann das nicht, denn ich bin auf Stammkundschaft angewiesen, und die wäre ziemlich schnell weg, wenn ich mit ihr überheblich oder aggressiv umginge.

Partnerschaft ist die einzige tragfähige Basis für eine nachhaltige Kundenbeziehung, und Nachhaltigkeit hat in diesem Fall nichts mit Idealismus zu tun, sondern entspringt purem Realismus. Wichtigste Aufgabe jedes Unternehmens ist es nun mal, sich selber möglichst lange am Leben zu erhalten, und dafür ist das Sägen am Ast, auf dem man sitzt, die denkbar schlechteste Strategie.

Beziehungen, in denen der eine oben sitzt und die andere unten, zerbrechen nach einiger Zeit unweigerlich. Nur partnerschaftliche Beziehungen auf gleicher Augenhöhe versprechen Stabilität und Wachstum.

Und wenn wir schon dabei sind: Partnerschaftliche Beziehungen mit Kunden sind nicht die einzige Voraussetzung zum längerfristigen Überleben. Selbst ich als kleine Marktfrau habe nicht nur ein Beziehungsgeflecht mit meinen Kunden, sondern ich bin auch eingebunden in ein Netz von Beziehungen mit Mitarbeiterinnen, mit Lieferanten und Zulieferern, mit der Konkurrenz und mit der Marktpolizei, mit

Investoren, mit den lokalen Medien und dem, was in dieser Kleinstadt halt so die öffentliche Meinung bildet.

Wie heißt das so schön auf Neudeutsch: Selbst mein kleiner Laden hat es mit einer bunten Vielfalt von Stakeholdern zu tun. Ich kann es mir nicht leisten, nur an die Shareholder zu denken, auch wenn diese in meinem Fall vorwiegend aus mir selber bestehen. Ich kann nicht mal ausschließlich an meine Kunden denken und alle anderen völlig vernachlässigen. Es gilt vielmehr, stets die Interessen aller Partner im Auge zu behalten und einen fairen Ausgleich zwischen deren unterschiedlichen Anliegen zu schaffen.

Keine Unterschiede gibt es zum Glück bei dem, was alle Stakeholder, mich eingeschlossen, von einer partnerschaftlichen Beziehung erwarten: Einander zuhören, statt den anderen übers Ohr hauen zu wollen. Sich in die Lage des anderen versetzen können. Sich ernst nehmen. Sich respektieren, gerade auch in der Andersartigkeit des anderen. Kleine Geschenke und Freundlichkeiten austauschen. Gegenseitiges Vertrauen aufbauen. Sich gegenseitig bestärken. Und das alles auf gleicher Augenhöhe.

Partnerschaft ist keine Einbahnstrasse, oder, wie man in den Wald hinein ruft, so tönt es heraus. Das ist jedenfalls meine Lebenserfahrung: Es gibt keine bessere Geschäftsgrundlage als Partnerschaft.

Also, schreiben wir es uns hinter die Ohren:

Marketing von oben nach unten ist vorbei.

Ist neu
immer
besser?

Was müssen das für schöne Tage gewesen sein, damals, als das Marketing noch frisch und neu war. Als Pionier konnte man sich da noch vorkommen, als revolutionärer Denker, der endlich die Welt vom Kopf auf die Füsse stellt, indem er die Vermarktung aus dem Gefängnis befreit, bloßer Wurmfortsatz der Produktion zu sein, und sie in die ihr gebührende Rolle als Dreh- und Angelpunkt allen wirtschaftlichen Geschehens einsetzt.

Nur nebenbei: Hätten die Wirtschaftsführer mal uns Marktfrauen gefragt, worum es in einer Marktwirtschaft wirklich gehe, hätten wir ihnen das längst sagen können. Doch es ist immer ein erhebendes Gefühl, selber eine eigene Denkblockade zu durchbrechen, und dieses Gefühl mag ich den damaligen Marketing-Pionieren auch nachträglich noch von Herzen gönnen.

Die Aufbruchsstimmung im Marketing ist längst vorbei, der Lack ist ab. Die Claims sind verteilt, die grundsätzlichen Methoden und Techniken sind bekannt, was bleibt, ist die Feineinstellung der Instrumente.

Das alles klingt nicht mehr sehr berauschend, und entsprechend ist die Attraktivität des Marketings gesunken. Während sich in den Pionierzeiten die oberste Führungsebene mit Begeisterung auf das neue Marketing-Denken stürzte, ist Marketing heute, etwas überspitzt, eine gut geölte Maschine auf Abteilungsebene.

Das ist, wenn ich ein großes Wort gelassen aussprechen darf, nichts als der Lauf der Welt. Ich habe durch Erfahrung nicht nur gelernt, dass Marketing nur zum kleineren Teil aus großen, innovativen Entwürfen besteht und zum größeren aus dem beharrlichen Bohren dicker Bretter, sondern auch, dass man nicht jeden Tag Hochzeitstorten backen kann, sondern oft auch kleinere Brötchen muss.

Nichtsdestotrotz erschallt der Ruf nach Innovationen auch im Marketing immer lauter. Das empfinde ich, mit Verlaub, als nicht ganz ungefährlich. Nicht, dass ich etwas gegen das menschliche Bestreben hätte, immer wieder Neues zu entdecken und zu erfinden, bewahre. Ich bin nur skeptisch, ob die Formel, wonach das Neue automatisch immer das Bessere sei, so stimmt.

Erinnern Sie sich an das schöne Märchen von des Kaisers neuen Kleidern? Da hat ein offensichtlich sehr geschicktes Marketing die Menge so sehr auf diese Formel eingestimmt, dass sie in Jubel ausbricht, als der Kaiser, wie angekündigt, in seinen neuen Kleidern auf den Balkon tritt. Nur ein kleines Mädchen ist der Massenhypnose entgangen und stellt die schlichte Wahrheit fest: Der Kaiser trägt überhaupt keine Kleider, er ist nackt. Ich halte das für ein wunderbares Gleichnis heutiger Marketing-Realität.

Das Neue gilt so sehr als das Bessere, dass "innovativ" zum vornherein einen Bonus hat, so sehr, dass niemand mehr fragt, was denn daran neu sei. Online-Marktforschung? Nichts anderes als ein Comeback der lange vernachlässigten schriftlichen Befragung, jetzt einfach digital. E-Business? Die Fortsetzung des guten alten Versandhandels mit etwas anderen Mitteln.

Damit wir uns richtig verstehen: Ich habe nichts gegen das Internet, ich halte es im Gegenteil für eine geniale Erfindung, die manches sehr viel leichter macht, was früher nur mühsam zu erreichen war. Ich habe nur etwas dagegen, wenn alter Wein in neuen Schläuchen als neuer Wein verkauft wird.

Kundenbeziehungsmanagement? Musste ich doch praktizieren, lange bevor es dieses Unding von Wort gab. Meine Kundschaft hätte sich ziemlich schnell reduziert, wenn ich mir nicht gemerkt hätte, wer immer dasselbe will, und wer jedes mal etwas anderes, und wenn ich nicht auch mal zu Geburtstag oder Beförderung gratuliert hätte.

Es klingt sicher konservativ, wenn ich erst mal den Nachweis verlange, das Neue sei wirklich besser als das Bewährte, doch in meinem Alter ist das kein Schimpfwort mehr. Also kann ich auch kühn behaupten, es sei für die Zukunft des Marketings besser, sich auf einige ganz altmodische Tugenden und Werte zu besinnen statt einer illusionären ultimativen Innovation nachzujagen.

Wenn ich denn einen Wunsch für das Marketing frei hätte, wäre es der, dass dort wieder etwas weniger

Aufgeregtheit und Hektik herrscht und etwas mehr Gelassenheit Einzug hält. Zu dieser Gelassenheit hätten wir, wenn ich mich da mal einschließen darf, im Marketing allen Grund. Wir haben einiges erreicht, wir wissen, dass es uns braucht und dass wir es einigermaßen können.

Hektik dagegen ist auch für das Marketing äußerst ungesund. Aufgeregtheit verhindert nämlich, dass wir uns eine regelmäßige Sauerstoffdusche für unser Gehirn in Form von Nachdenken darüber, ob wir das Richtige mit den angemessenen Mitteln tun, zuführen. Das kann zu Verstopfung und Verkalkung unserer Hirnwindungen führen, und nimmt damit dem wirklich Neuen jede Chance.

Stattdessen klammern wir uns dann an völlig unzulängliche Glaubenssätze wie etwa jenen, wonach jede neue Technik automatisch besser sei. Ich soll für meine paar Termine meinen bestens funktionierenden kleinen Taschenkalender eintauschen gegen eine komplizierte und störungsanfällige elektronische Agenda? Ich bin doch nicht blöd...

Eine elektronische Waage habe ich übrigens sehr wohl, die ist nun mal einfacher zu bedienen als die alten Gewichtssteine. Meine Devise beim Entscheid darüber, ob das Neue wirklich besser ist, ist der klare, nüchterne Blick, ohne Scheuklappen, aber auch ohne rosa Brille. Und genau so halte ich es mit dem Blick zurück: Bewährtes und Erprobtes kann auch für die Zukunft taugen - muss es aber nicht.

Wieder mal komme ich zum Schluss: Das wirklich Entscheidende spielt sich nicht in der Außenwelt ab, sondern in unserem Kopf. Woraus sich eine klare Forderung an die Zukunft ableiten lässt:
Neues Denken braucht das Marketing.

Mit
weniger
mehr

Wissen Sie, wo mir dieses Plakat begegnet ist? Neben der Tür zum Klo in einem Schnellzug. Das trieft geradezu von Symbolik, oder? Ich hatte in der Großstadt, von der ich nach Hause fuhr, das erste Mal das Logo einer Kleiderkette wahrgenommen: »More and more. A Life Philosophy«.

Ganz ungeschminkt, ich würde fast sagen, unverfroren, wird hier die Kernbotschaft des Marketings formuliert: »Mach es zu deiner Lebens-philosophie, mehr und mehr zu konsumieren, dann wirst Du glücklicher!«

Das Marketing selbst hat den Grundsatz »mehr ist besser« verinnerlicht. Indem mehr und noch mehr Mittel in das Marketing gepumpt werden und so der Marketingdruck erhöht wird, soll der Hunger der Konsumenten nach mehr verstärkt, und damit der eigene Hunger nach mehr Cash gestillt werden. Wohin es führt, wenn das an sich gesunde Gefühl Hunger über die Massen hinaus geschürt wird, zeigt sich daran, dass in den USA die Hälfte der Bevölkerung unter Fettleibigkeit leidet.

Ich weiß, dass ich damit einen Begriff ins Spiel bringe, der für Marketing-Ohren unvertraut klingen muss: das richtige Maß. Das richtige Maß war dort bisher weitgehend das größte Maß. Und das führt schnurstracks zu Maßlosigkeit.

Dabei können wir überall im Leben lernen, dass es so etwas wie das richtige Maß gibt. Bis dieses erreicht ist, ist etwas positiv, geht es darüber hinaus, kippt es ins Negative. Sich einer befriedigenden Tätigkeit intensiv zu widmen ist sicher gut, doch wenn man sich keine Erholung mehr gönnt, kippt die Sache in die Arbeitssucht. Und sich täglich ein paar Stückchen Schokolade zu gönnen, trägt zur Lebensqualität bei, werden es allerdings ein paar Tafeln, muss von Suchtverhalten die Rede sein.

Nach meinen Beobachtungen werden die kleinen Mädchen, die erkennen, dass des Kaisers neue Kleider nichts als leere Versprechungen sind, zahlreicher. Mehr und mehr Menschen erkennen, dass sie mehr sind als Konsumenten, deren hauptsächlicher Lebenszweck darin besteht, mehr und immer mehr zu konsumieren. Sie hören deswegen nicht auf zu konsumieren, aber sie fragen sich bewusster und kritischer, welcher Konsum zu ihrer Lebensqualität beiträgt und welcher sie beeinträchtigt. Ist ersteres der Fall, kaufen sie auch weiterhin gerne. Nur eines glauben sie nicht mehr: dass mehr Konsum automatisch mehr Glück und Lebensqualität bringt.

Zugegeben, in meiner Branche fallen solche Erkenntnisse relativ leicht. Schließlich kann auch die größte Gemüseliebhaberin nicht mehr als ein paar hundert Gramm Grünzeug pro Tag verdrücken, und da bringt es auch nichts, wenn ich den Werbedruck erhöhe. Spätestens dann, wenn sie größere Teile ihres Einkaufs wegschmeißen muss, weil sie sie einfach nicht mehr verwerten kann, wird sie mir nämlich ernsthaft böse werden.

Womit sie in meinen Augen Recht hätte, ich habe es schließlich auch nicht gerne, wenn man mir etwas aufschwatzen will. Überzeugen dagegen lasse ich mich gerne, mit Argumenten, aber auch mit Charme.

Aber eben, im Marketing wird offenbar immer noch viel zu wenig in die Rolle des Konsumenten geschlüpft. Wie wäre es sonst zu erklären, dass so viele Marketing-Konzepte immer noch voll und ganz auf das setzen, was ich das Infanterie-Prinzip nenne?

Wir in der Schweiz sind ja immer etwas langsamer als andere, und so hat unsere Armee doch tatsächlich bis vor erstaunlich kurzer Zeit voll auf ein gigantisch großes Infanterieheer gesetzt. Andere hatten längst auf Feuerkraft statt auf die Zahl der Soldaten gesetzt, doch auch das ist nicht mehr der neuste Stand. Jetzt steht immer mehr Intelligenz im Zentrum.

Entschuldigung, wenn ich mich hier der Unsitte anschließe, über Marketing in militärischen Begriffen zu reden. Ein Bild erscheint mir aber wirklich noch passend: Ein Marketing, das voll auf schwere Panzer setzt, kann nur Autobahnen benutzen, und wenn diese verstopft sind, können andere listiger und beweglicher auf kleine Schleichwege ausweichen, während die Panzer nicht mehr vorwärts kommen. Also, mir sagt dieses Bild etwas...

Leicht und beweglich sind die Stichworte, und das bedeutet Verzicht auf allen überflüssigen Ballast. Als KMU mit Betonung auf K ist mir schon immer nichts anderes übrig geblieben, als dem Trend zur Einfachheit zu folgen, und mich immer wieder zu fragen, ob es eine Tätigkeit oder eine Ausgabe wirklich brauche, und wenn ja, in welchem Umfang und in welcher Qualität.

Wie aufwändig soll zum Beispiel die Verpackung meines Gemüses sein? Ist die Qualität des Inhalts nicht viel wichtiger? Brauche ich eine digitale Tafel für meine Aktionen, oder reicht die gute alte Schiefertafel? Soll ich mein Sortiment mit allen möglichen Exoten ausweiten, oder konzentriere ich mich lieber auf das, wo ich wirklich gut bin?

Dabei habe ich einiges gelernt. Zum Beispiel die Kunst des Weglassens. Ballast abwerfen macht freier und schlanker, und auf überflüssigen Schnickschnack zu verzichten, lässt dafür den Kern, die Essenz umso besser durchscheinen.

Weniger kann also mehr sein, je nachdem, worauf wir unser Augenmerk richten. Ein Strohfeuer mag heller und heißer sein als eine satte Glut, doch für einen längeren Aufenthalt in einer kalten Höhle würde ich doch die Glut wählen.

So könnte man doch z.B. in der Marktforschung weniger, dafür klüger fragen. Oder in der Werbung weniger behämmerte Botschaften einhämmern und dafür mehr Wert auf Aussagen legen, welche die Aufmerksamkeit der Konsumenten verdienen.

Diese werden, zusammen mit der Begrenztheit der Ressourcen, zu einem Umdenken im Marketing führen, zum Prinzip, mit weniger mehr zu erreichen: *Auch im Marketing löst Qualität Quantität ab.*

Werte sind was wert

Wenn ich über die Geheimnisse der Märkte sinne, taucht immer wieder eine Frage auf: Wie kommt es zu jenem seltsamen Phänomen der Umwandlung von immateriellen in materielle Werte, wie ich es in meiner Plauderei über Vertrauen beschrieben habe?

Findet hier so etwas wie ein alchimistischer Prozess statt, eine Umwandlung von Erz in Gold? Ganz so geheimnisvoll muss die Antwort nicht ausfallen, obwohl das Ganze noch rätselhaft genug ist. Ich glaube, wir finden Hinweise mal wieder am ehesten in der Sprache, und dort in einem Bild, das uns Kaufleuten nahe liegt: Immaterielle und materielle Werte sind die zwei Seiten von ein und derselben Münze namens Wert.

Dieses hübsche kleine Wort verwenden wir ja wirklich völlig wild durcheinander. Wenn wir etwa über den allgemeinen Werteverlust klagen, meinen wir immaterielle Werte, bei Wertpapieren dagegen ebenso klar materielle. Für einen Vertrauenszuwachs wäre "Mehrwert" das falsche Wort, ebenso "Wertewandel" für die Veränderungen der Zinssätze.

Hier ist es noch klar, doch was meint ein Wort wie wertvoll? Sie wissen doch, ein Ding von geringem materiellem Wert, an dem persönliche Erinnerungen hängen, kann uns so wertvoll sein wie ein anderes, das sehr viel kostet und deshalb wertvoll ist.

Daraus können wir schließen, dass die Maßstäbe dafür, was wertvoll ist, sehr subjektiv sind. Es sind immer Individuen, die entscheiden, was ihnen wertvoll ist, also ihnen etwas bedeutet, etwas wert ist.

Und genau von dieser Entscheidung hängt letztlich das Schicksal von uns Anbietern auf den Märkten ab, also jedenfalls meines: Schaffe ich es, meinen Kunden etwas anzubieten, das ihnen so viel wert ist, dass sie sich die Zeit nehmen, an meinen Stand zu kommen, dass sie Aufmerksamkeit investieren, um meinen Empfehlungen zu lauschen, und dass sie schließlich ihr Portemonnaie zücken?

Und so investiere ich meinerseits einiges an Zeit und Gehirnschmalz, um immer besser zu verstehen, nach welchen Wertmassstäben meine Kunden - und jene, die es werden könnten - ihre Kaufentscheide fällen. Dabei ist mir, zu meiner allerdings geringen Überraschung, aufgefallen, dass auch das dem Gesetz des Wandels unterliegt.

Mein Marktstand bietet dafür besten Anschauungsunterricht. Gemüse kauft man ja wie jedes Nahrungsmittel zunächst mal, um ein elementares Bedürfnis zu stillen: Hunger. Geld auszugeben, für etwas, was man wirklich braucht, ist die erste Antriebskraft aller Märkte, und war die längste Zeit der Menschheitsgeschichte auch die dominante.

Wenn der gröbste Hunger gestillt ist, melden sich beim Menschen unweigerlich die Wünsche nach mehr Qualität beim Essen. Wir könnten zur Not auch mit Astronautennahrung überleben, brauchen also nicht unbedingt abwechslungsreiches, gesundes, schmackhaftes und erst noch gut aussehendes Essen. Aber wir wünschen es uns heftig und haben deshalb angefangen, es zu kaufen, sobald wir es uns einigermaßen leisten konnten.

Wünsche, nicht Bedürfnisse, waren die Antriebskraft des Wirtschaftsbooms in den Wohlstandsgesellschaften. Aber sie können es nicht ewig bleiben. Der Schwung lässt nach, weil immer mehr Menschen erkennen, dass "immer noch mehr" in eine Sackgasse führt. Wünsche unterliegen inflationären Tendenzen, was ihren Wert rapide vermindert.

Sicher, man kann sich wünschen, mitten im Winter frischen Spargel zu essen. Manche erfüllen diesen Wunsch - ich nicht. Denn was kommt als nächster Wunsch? Irgendwann wird es absurd...

Was sonst könnte denn die Märkte in Zukunft in Schwung halten? Für mich ist die Frage matchentscheidend, denn bei der sich immer schneller drehenden Wunschspirale kann und will ich nicht mithalten, und satt werden kann man auch ohne Gemüse. Was also ist meinen Kundinnen so viel wert, dass sie zu mir kommen, obwohl das teurer und zeitaufwändiger ist als der Gemüsekauf im Supermarkt?

Direkt, wie ich nun mal bin, habe ich diese Frage einigen meiner Kundinnen gestellt. Natürlich waren die Antworten so individuell wie meine Kundinnen.

Manches bezog sich auf mein Angebot an Obst und Gemüse, manches auf das Aussehen meines Standes, wieder anderes auf meine Verpackungen und meine Preise. Meine kleinen Zusatzdienstleistungen wurden erwähnt, auch die Auswahl meiner Aushilfen.

Als bescheidene Marktfrau getraue ich es mich fast nicht zu sagen: Die meisten Aussagen darüber, was meinen Marktstand von anderen, oder von anderen Einkaufsquellen, unterscheide, bezogen sich auf meine Person und auf mein Verhalten. Ich will gar nicht alle Lobeshymnen aufzählen, das würde mich nur erneut erröten lassen, und das, obwohl ich meinen Wert an sich durchaus kenne.

Doch die Formulierung einer Kundin fasst die Äußerungen der anderen vielleicht ganz schön zusammen. Sie sagte zu mir: »Sie verkörpern alle Werte, die mir an einem Marktpartner wichtig sind.« Seither weiß ich, dass Werte was wert sind - gerade auch im Marketing. Nur jene werden auf den Märkten überleben, welche die Werte verkörpern, die den Kunden wichtig sind. Dazu habe ich kürzlich gelesen: »Dabei werden altvertraute Werte in neuem Bedeutungszusammenhang steile Karriere machen: Liebe. Treue. Freundschaft. Reife. Lebensqualität. Weisheit.«

Da fällt mir noch eine Antwort auf meine Frage nach meinem Profil ein. Eine Kundin erzählte: »Angeregt durch eine Umfrage führe ich jetzt immer eine kleine Buchhaltung darüber, was meine Lebensqualität verbessert, und was sie vermindert. Sie sind ein klarer Aktivposten, einkaufen bei Ihnen erhöht meine Lebensqualität.« Das meine ich, wenn ich von Wertschöpfung durch Werte rede.

Marketing braucht Wertmaßstäbe.

Reifendes
Marketing

Die Zeiten, als das Marketing frisch und fröhlich wirkte wie das junge Kalb auf grüner Weide, sind so vorbei wie der Schmelz meiner Jugend. Darüber ließe sich in beiden Fällen trefflich klagen, auch wenn es nicht viel brächte. An der Tatsache des älter Werdens können wir nichts ändern, wohl aber an deren Interpretation.

Wissen Sie, mir als Marktfrau ist es natürlich schon lange klar, dass sich ein reifer Apfel besser verkauft als ein alter. Und dass ich eine Kundin besser nicht auf die ja auch vorhandenen weniger angenehmen Seiten des älter Werdens anspreche, als vielmehr auf deren Kehrseite, die zunehmende Reife.

Da war ich mal wieder ein bisschen schneller als der Rest des Marketings. Dieses hat doch tatsächlich lange die Tatsachen verschlafen, obwohl sie eigentlich nicht zu übersehen waren: Wir werden älter, als Einzelne wie als Gesellschaft. Es gibt immer mehr Menschen über 50, absolut und relativ. Diese Generation hat Zeit, Aufmerksamkeit und Geld. Das alles änderte nichts daran, dass das Marketing immer noch fast ausschließlich auf die angeblich werberelevante Zielgruppe zwischen 15 und 49 setzt. Alter ist halt einfach nicht sexy.

Dann entdeckten einige doch noch das Marktpotenzial dieser Altersgruppe. Man taufte sie Senioren, betrieb für sie Seniorenmarketing und gab sie als Zielgruppe zum Abschuss frei. Um dann entdecken zu müssen, dass sich die Angepeilten weder das Etikett Senioren ankleben noch sich abschießen lassen wollten.

Das Denken in Zielgruppen funktioniert in den älter werdenden Märkten nicht mehr, denn es gibt keine größeren Individualisten als Menschen über fünfzig, und Individualisten in eine Zielgruppe pressen zu wollen, ist ein Widerspruch in sich.

Dieses Problem wird sich spätestens dann lösen, wenn es wegen der demografischen Entwicklung auf dem Arbeitsmarkt nicht mehr genug Frischfleisch geben wird, um den gerade auch im Marketing grassierenden Jugendlichkeitswahn zu stillen. Dass das Marketing bisher, von Ausnahmen abgesehen, die richtige Sprache für die Kommunikation mit Menschen in reiferen Jahrgängen noch nicht gefunden hat, liegt nach meiner unmaßgeblichen Meinung wesentlich auch daran, dass in vielen Marketingabteilungen das Durchschnittsalter so um die dreißig liegt, und jemand mit dreißig kann sich nun mal schwer in die Wirklichkeit reiferer Menschen hinein denken. Das kann man niemandem verübeln, es ist einfach so, und ließe sich darüber hinaus ganz einfach beheben, indem man im Marketing mehr Menschen über 50 beschäftigt - und indem man mehr mit solchen Menschen redet.

Dann würde man leicht herausfinden, dass reife Menschen kein Seniorenmarketing wollen, und auch kein Best-Age-Marketing oder Viva50plus, sondern ganz einfach reifes Marketing.

Sie können mich löchern, eine exakte Definition von reifem Marketing kann ich Ihnen dennoch nicht liefern. Immerhin habe ich jetzt eine ganze Weile vor mich hin geplaudert und dabei eigentlich von nichts anderem geredet als von reifem Marketing. Ich kann also nur noch einmal zusammenfassen.

Es geht um Werte, darum, dass der Anbieter und sein Marketing reife Werte verkörpern, also authentisch, souverän und gelassen wirken. Es geht um Qualität statt Quantität. Es geht um einfache, klare, ehrliche und echte Angebote und Botschaften. Es geht um partnerschaftliche Beziehungen zwischen allen Marktpartnern. Es geht um ein offenes Denken und eine Haltung des Dienens jenseits aller Ego-Trips.

Es geht also auch um die persönliche Reife jener Menschen, die reifes Marketing betreiben wollen. Zu dieser Reife gehört zum Beispiel das Wissen darum, dass man sich auf seine Intuition verlassen kann, wenn es darum geht, reifes von unreifem Marketing zu unterscheiden.

Wenn Sie mir bisher aufmerksam zugehört haben, vermissen Sie sicher einen Aspekt, der mir in meinen bescheidenen Überlegungen über Marketing-Philosophie wichtig war. In der Tat kann ich schlecht predigen, alles würde fließen, und es gäbe keine ewigen Marketing-Weisheiten, und dann einen scheinbar so statischen Begriff wie Reife propagieren, der sich wunderbar als ebenso ideales wie unerreichbares Fernziel eignet. Doch weil wir kaum Gefahr laufen werden, jemals dahin zu kommen, brauchen wir uns darüber, was absolute Reife ist, ebenso wenig den Kopf zu zerbrechen wie über absolute Erleuchtung.

Sinn macht die Sache, wenn wir dieses Fernziel als Leuchtturm betrachten, auf den wir in unserem Prozess des Reifens zusteuern, manchmal gerade, dann wieder im wilden Zickzack. Es geht nicht um Reife als Zustand, sondern um Reifung als Prozess.

In einem solchen Reifungsprozess befindet sich auch das Marketing. Revolutionäre Schritte sind wie bei Menschen im fortgeschrittenen Alter kaum noch zu erwarten, wohl aber evolutionäre.

Ich kann mir durchaus ein (noch) reiferes Marketing vorstellen, und ich habe auch alles Vertrauen, dass das Marketing weiter reift. Ein Teil dieser Reifung wird aus Anpassung an den Wandel in Märkten und Gesellschaft erfolgen. Für einen anderen Teil aber wird auch für das Marketing das unentrinnbare Gesetz gelten: Älter werden wir von allein. Reifer nicht.

Vielleicht ist es ganz gut, dass der Zeitpunkt abzusehen ist, an dem trotz Wettbewerbsdrucks die Gelder für das Marketing nicht mehr unbeschränkt fließen. Das könnte Anlass sein, wieder mal über das Verhältnis von Geld und Geist auch im Marketing nachzudenken und sich ein paar einfache Fragen zu stellen, so wie ich es hier getan habe. Kluge Fragen sind auch im Marketing die beste Investition in die Zukunft.

Das Marketing hat eine große Zukunft - wenn es nicht still steht.

Bild: Angela Roethe

Andreas Giger, Jahrgang 1951, ist promovierter Sozialwissenschaftler und lebt und arbeitet heute als Zukunfts-Philosoph, Autor und Photograph in Wald AR (Schweiz). Mehr unter **www.gigerheimat.ch**

Mehr Impulse für die Bewusstseins-Elite im Marketing: **www.bewusstseins-elite.net**